# BIOTERRORISMO

## CONFRONTANDO EL FUTURO

Deyvis Aponte Bonifaz

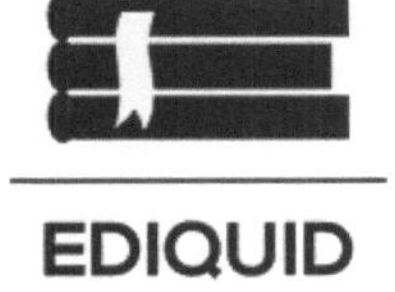

EDIQUID

BIOTERRORISMO
Confrontando el futuro
© Deyvis Aponte Bonifaz

Editado por: Corporación Ígneo, S.A.C.
para su sello editorial Ediquid
José Olaya 169, Ofic. 504, Miraflores. Lima, Perú
Primera edición, febrero, 2024

ISBN: 978-612-5112-96-5
Impresión bajo demanda

Hecho el Depósito Legal en la Biblioteca Nacional del Perú N° 2023-12781
Se terminó de imprimir en febrero del 2024 en:
ALEPH IMPRESIONES SRL
Jr. Risso Nro. 580 Lince, Lima

www.grupoigneo.com
Correo electrónico: contacto@grupoigneo.com
Facebook: Grupo Ígneo | X: @editorialigneo | Instagram: @grupoigneo



Colección: Pensamiento

# Contenido

AVON C50

# *Prefacio*

Agradezco a DIOS porque a través de estas letras, se brinda información relevante sobre el existente Bioterrorismo, el cual junto con el Ciberterrorismo son, lamentablemente, el futuro del terrorismo internacional; cómo nos afecta en tiempos de guerra, en lo cotidiano urbano y como confrontarlo permanentemente. Es importante ser anticipativos estratégicamente para enfrentar tal situación debido a que esta es una lucha no convencional y a su vez acelerada.

Quiero preparar a la siguiente generación sobre esta amenaza y puedan aplicar medidas oportunas basados en la experiencia de los que hoy estamos. Mi propósito en esta obra fue realizar algo más digerible para toda persona, más práctico, y sin dejar de soltar el anzuelo para aquellos que quieran profundizar más en la temática, para lo cual existe ya información en medios especializados.

No se baja la guardia contra un enemigo tan silencioso para operar, así que mantengo mi intención de ayudar a culturizar sobre el tema de una manera más sencilla y asequible para la humanidad porque lo necesitará.

Capítulo 1

# LA GUERRA BIOLÓGICA Y EL BIOTERRORISMO

Conforme evoluciona la humanidad, apreciamos que el conocimiento y tecnología se desarrollan a pasos agigantados, descubrimos mejores formas de hacer que la humanidad y el planeta tengan una mejor calidad de vida con el propósito de vivir más. Lastimosamente, no se puede negar que existe una contraparte a este valor y es la existencia de personas, las cuales, por razones muy personales y con intereses muy particulares, buscan satisfacer aquellos intereses, conformando grupos o a través de instituciones, sumergidos en ideologías que buscan justificar acciones violentas, crímenes y destrucción como ha venido aconteciendo en la era humana. Primero convivíamos con movimientos terroristas que se manifestaban a través de atentados tangibles, luego se sistematizaron y pasamos a la era del Ciberterrorismo y actualmente se profundiza de una manera urbana y sigilosa el Bioterrorismo.

La incultura del tema ante la sociedad hace que pase más inadvertido lo cual lo hace más letal, aparecen mecanismos tecnológicos cada vez más avanzados para esparcir tal mal y según como lo indique la creatividad de los autores de provocar tal daño.

Infundir o imponer terror a la civilización para subyugarla, siempre fue un método usado a través de las generaciones; la vida es cíclica, hoy se repite la historia de dominar por el miedo, de vencer en conflictos por métodos inhumanos por el tipo de sufrimiento que causan a las víctimas tales ataques; ya no importa la edad ni el sexo para hacer daño, todos pueden ser víctimas potenciales, la maldad de estos autores es sin escrúpulos, solo les importa alcanzar sus objetivos de dominio.

Actualmente puedo decirles que una guerra biológica trata del uso de microorganismos y substancias derivadas de estos mismos con fines bélicos, con el propósito de crear pánico, terror y muerte en situaciones de guerra. Ahora estas mismas acciones, al ser usadas en ambientes urbanos contra una población son denominadas como Bioterrorismo.

¿Que buscan estos personajes entregados a destruir vidas?: intimidar gobiernos y sociedades para extorsionar y ser complacidos en diversas demandas que, ninguna de ellas, justifica el daño a la salud de una vida y mucho menos el asesinato.

Es importante señalar que todo lo usado como armamento biológico, es considerado arma de destrucción masiva, debido a que puede ser trasladado por el aire o agua, portado por más de un ser humano y esparcido a multitudes de seres vivos y lo más delicado aún, de manera sigilosa.

Este tipo de atentados, son complicados de controlar, debido a diferentes períodos de incubación que pueden activarse al ser esparcidos los distintos microorganismos dañinos en los seres vivos. La clasificación universal de armamento biológico se basa a la actualidad en tres tipos: bacterias, virus y toxinas.

## ARMAS BACTERIOLÓGICAS

Menciono aquí las que están compuestas por bacterias y sus esporas. Estos organismos subsisten en la propia naturaleza y son modificados para que cuenten con mayor capacidad de infección y puedan tener mayor resistencia que originalmente; son deformados por una razón de iniquidad humana.

Entre las bacterias más usadas para fines de terror se encuentran el ántrax o carbunco, el cual puede formar esporas infecciosas que pueden mantenerse por años en el ambiente, el cual puede ser transmitido a través de la piel, por ingestión o por respiración

Existe también la yersinia pestis, la cual tiene como trágico antecedente que en el siglo XIV a través de la peste negra, cobro la vida de más de 50 millones de vidas. La yersinia pestis está controlada en la actualidad por antibióticos pero sin la garantía que en alguna circunstancia sea quebrada esta defensa por modificaciones genéticas.

Entre otras, también resalta la peste bubónica, la cual hasta por la picadura de una pulga podría transmitirse; también están las pestes septicémicas y la neumónica. La ciencia señala que, así como las bacterias causantes de la brucelosis humana, de la tularemia y de la enfermedad del cólera, existen una variedad de posibles bacterias qué si son modificadas genéticamente, podrían convertirse en una mayor cantidad de armas biológicas.

## ARMAS VIRALES

La particularidad de un virus es que solo puede multiplicarse en el interior de las células y muchos de ellos son patógenos naturales del ser humano.

El virus más conocido es la viruela, el cual tiene como característica principal el ser muy contagioso y la mayoría de la población mundial no está inmunizada. Si se propagara, generaría una nueva y terrible pandemia. Adicionalmente a lo mencionado, por su fuerte capacidad de infección, la convertiría en un arma biológica muy letal.

El ébola es otro virus que puede ser usado contra la población. Entre sus rasgos principales es el producir fiebres hemorrágicas y es de difícil diagnóstico, y como parte de nuestra esperanza contra este virus es que no puede transmitirse por aire y tiene poco tiempo de vida en el medio ambiente.

## TOXINAS

El daño que producen las toxinas usadas como armamento pueden llegar a un grado de mortalidad alto.

Las toxinas pueden ser generadas en grandes cantidades, son de sencilla producción y son muy tóxicas como arma. Entre las más conocidas podemos encontrar la que produce el botulismo y la ricina, la cual produce sangrado intestinal y daño en órganos internos y al momento no tiene antídoto.

Luego de la descripción de lo que son las Bacterias, Virus y Toxinas, usadas como armas de destrucción masiva, señalo los principales microorganismos y las enfermedades que provocan usados a través de la historia como armas biológicas:

1. **Bacillus anthracis:** Ántrax o carbunco
2. **Yersinia pestis:** Peste
3. **Francisella tularensis:** Tularemia
4. **Brucella:** Brucelosis
5. **Coxiella burnetii:** Fiebre Q
6. **Alfavirus:** Encefalitis
7. **Virus de las fiebres hemorrágicas:** Fiebres hemorrágicas
8. **Viruela virus:** Viruela
9. **Clostridium botulinum:** Botulismo

## Capítulo 2

# INTELIGENCIA MUNDIAL Y BIOTERRORISMO

Desarrollar o Hacer Inteligencia es contar con la capacidad de producir información relevante para una acertada toma de decisiones y confrontar apropiadamente cualquier conflicto.

Para lograr esto se requiere establecer redes de comunicación directas e interinstitucionales, captación de informantes, ubicación de operadores de inteligencia en sigilo y manejo de tecnología, para así obtener datos fidedignos para su siguiente análisis y elevar la necesitada información final.

Por otro lado, cuando nos quieren espiar o sustraer información y necesitamos evitarlo, existe la Contrainteligencia, la cual se dedica a la protección de nuestra Inteligencia.

Desde antes de los tiempos de la conquista de América, donde se conoce, se utilizó la viruela como una de las armas iniciales para dominar a los Imperios Azteca e Inca, la historia de la humanidad está escrita con tragedias por el uso de armas biológicas en sus variadas presentaciones, mientras logre el objetivo de quienes las apliquen no importará lamentablemente el daño a lograr.

Era difícil que los Imperios Azteca e Inca tuvieran una red de inteligencia que les prevenga de la amenaza del uso de la viruela por parte de los conquistadores, fueron sorprendidos totalmente; hubieran tenido que manejar información sobre a quienes tenían al frente, de qué eran capaces y cuál era su poder. Tenían que haber manejado información siquiera básica de la viruela y que tan mortal podía ser, para así tomar medidas de prevención; la inteligencia estuvo a favor de los conquistadores.

Aquí se ve la trascendental importancia de mantener un servicio de inteligencia en tiempos actuales, los conquistadores eran un mínimo de personas, pero dedicaron tiempo y recursos en investigar previamente qué podían conquistar, analizaron la situación y al adversario, diseñaron una estrategia y fueron eficazmente muy tácticos para su ejecución, la historia de ambas conquistas así lo describe.

Pocos vencieron a muchos, a dos grandes imperios por tener la inteligencia a su favor, la cual siempre debe ser el primer paso y retaguardia para todo conflicto en cualquier dimensión.

Estos son los principales eventos históricos en el uso de armas biológicas, las cuales, entre otras maneras, eran aplicadas a través de envenenamientos deliberados en alimentos y en el uso de animales vivos o muertos para ser esparcidos:

- En 1346, invasión de la ciudad de Kaffa, la armada tártara colocó cadáveres de gente que había sucumbido de peste en las entradas de la ciudad. Si existía un trabajo de inteligencia por parte de la ciudad de Kaffa era nulo el resultado que producía y si hicieron algo, su reacción fue tardía.

- Entre 1754 a 1767, el ejército británico distribuyó mantas contaminadas con viruela entre indios norteamericanos. Fue un abuso de conocimiento por parte del país conquistador. Para las tribus indias era inimaginable que se «guerreara» de esa manera, solo fueron víctimas de una enfermedad ya propagada.

- Durante el siglo XX, el ejército alemán desarrolló arsenales biológicos usados en la Primera y Segunda Guerra Mundial. Ya se iniciaba la existencia más sólida de servicios de inteligencia y se pudieron prevenir muchas tragedias masivas en tiempos de guerra. La información que produce la inteligencia salva vidas y situaciones.

- En 1932, Japón desarrolló armas biológicas durante la ocupación en Manchuria hasta que finalizó la Segunda Guerra Mundial. Los aliados estuvieron informados en lo necesario y se tomaron medidas preventivas.

- En 1942, Estados Unidos realizó la producción de armas biológicas y fue acusado de hacer uso de las mismas en la guerra con Corea. Estados Unidos acusó luego a la Unión Soviética por el uso de toxinas contra Laos y Afganistán.

Son tiempos de la expansión del espionaje por parte de diversos países y fluye la información. Cada vez es más complicado guardar secretos.

- Finalizando la Segunda Guerra Mundial, a partir de 1945, diversas naciones, aliadas con poderosas corporaciones y científicos desarrollaron una mayor variedad de armas biológicas.

Todo el mundo se da cuenta de que será una ventaja siniestra manejar armamento biológico, todos van entendiendo que la lucha en silencio es una gran alternativa.

- Por 1980 en Sudáfrica se lanzó el programa llamado *Project Coast*, dirigido por el doctor Wouter Basson, el cual desarrolló agentes biológicos y químicos para esterilizar y asesinar a población de color negro y enemigos políticos. Se manifestó que el expresidente Nelson Mandela fue una de las víctimas expuestas. Se informó que miles fueron asesinados en los mencionados experimentos con el ántrax y el ébola.

Aquí hubo un movimiento tardío por parte de la Inteligencia defensora que de actuar con anticipación y con mayor celeridad, hubieran advertido dichos atentados. En algunos sectores del planeta no se daba la importancia debida de tener y perfeccionar sistemas de inteligencia.

- En 1981, una repentina epidemia de dengue hemorrágico afectó a 350.000 cubanos y habría asesinado a 158, la mayoría niños. Evidentemente, la inteligencia cubana detectó que esta epidemia no era casual y denunció tal ataque.

- En 1984, en Oregón, un culto religioso hindú contaminó supermercados y depósitos de agua con *Salmonella typhimurium*. Este acto fue considerado un ataque bioterrorista para ganar unas elecciones.

- En Japón, en 1995, el culto Aum Shinrikyo fue responsable de la liberación del gas sarín en el tren de la ciudad de Tokio.

Fue un acto de bioterrorismo interno, pero para la manera distribuida y coordinada de los ataques se observa que hubo serios fallos de seguimientos y manejo de información por parte de la inteligencia japonesa o extranjera.

Lo que todo servicio o sistema de inteligencia debe lograr es anticiparse a las amenazas contra la sociedad humana y natural por parte de aquellos contrarios a la vida y salud, sus esfuerzos deben centrarse en neutralizar dichas amenazas logrando esto, en principio con la obtención y manejo de información.

Si las acciones del Bioterrorismo son silenciosas, recordando que el Terrorismo también maneja Inteligencia, solo pueden ser confrontadas por aquellos que luchan en las sombras, en el sigilo, en el silencio. Como bien señala la frase:

**«Solo un ninja puede detener a otro ninja».**

Aquellos que, desde una unidad, sistema o servicio de inteligencia tengan la misión natural de proteger a la vida de una destrucción silenciosa, deben caminar en la siguiente frase:

**«Sé extremadamente sutil, discreto, hasta el punto de no tener forma. Sé completamente misterioso y confidencial, hasta el punto de ser silencioso. De esta manera podrás dirigir el destino de tus adversarios».**

No queda otro camino que vencer así también.

Capítulo 3

# UN ENEMIGO SILENCIOSO

Indudablemente, el futuro del terrorismo internacional se centra en el ciberterrorismo y el bioterrorismo respectivamente, y no se puede negar que vivimos en una nueva etapa de la salud pública mundial en donde ha surgido un replanteamiento con todos los antecedentes de eventos terroristas señalados en el Capítulo dos, obligando así a considerar el riesgo de nuevas amenazas. Se requiere de estrategias precisas de prevención para responder ante un evento de esta naturaleza. Debe existir un liderazgo organizado de las instituciones de salud y de las instituciones académicas para el establecimiento de planes de respuesta y el fortalecimiento de los sistemas de vigilancia epidemiológica con disponibilidad de recursos e investigación operacional de los sistemas de respuesta ante alguna de las posibles catástrofes.

Se deben implementar más Unidades Nucleares Biológicas y Radiológicas (NBQR) en distintas naciones como medidas de confrontación cercana, ya que se tiene claro que las armas biológicas y químicas son consideradas como generadoras de destrucción masiva, no solo para los seres humanos, sino también para animales, plantas, es decir, contra todo ser viviente.

Tratar esta problemática con el nivel de guerra urbana es más apropiado y con mayor razón si se observa lo disparejo de la misma debido a que los agresores no son personas neófitas en el tema: al contrario, son gente preparada que busca destruir las vidas de personas dedicadas a sus vivencias propias y sin conciencia que hay quienes a oscuras se dedican a planificar como hacerles daño de manera sorpresiva.

Lo ilógico e injusto de este tipo de guerra es la existencia de este desbalance entre quienes están conscientes que hacen guerra para destruir versus aquellos que ni siquiera se imaginan que están ya en guerra; lo cual esto debe ser un poderoso llamado motivacional para aquellos seres puestos por DIOS en este mundo que operan como defensores de la vida de inocentes en los diferentes puestos y cargos en que se encuentren. Si tienes la capacidad de hacer el bien solo hazlo.

Es de merecer el agradecimiento por el esfuerzo que muchos de ellos realizan en un supuesto anonimato, dedicándose a conocer más sobre estas armas de destrucción masiva para poder confrontarlas y frenarlas apropiadamente.

Es el conocimiento que día a día crece al descubrirse más para cada vida y sus planes propios, el cual permite que la tecnología avance a pasos agigantados, con la intención noble de ayudar y desarrollar mayor progreso para la humanidad y la consecuente vida natural, de la cual se tiene la responsabilidad de administrar y cuidar en esta Tierra.

Lamentablemente, el rápido crecimiento del descubrimiento de mayor conocimiento tiene su contraparte en que aquellos que se dedican a caminar en esta vida para destruir, lo usan maquiavélicamente para implementar planes de cómo hacer daño para alcanzar visiones torcidas y buscar sembrar miedo como bandera de querer dominar las mentes de la población.

*Divide et Impera,* divide y vencerás, término latín que es usado mucho y cuyo verdadero significado más que dividir al enemigo, como mayoritariamente se conoce popularmente, originalmente trata de que debemos tener bien subdivididas, administradas y bien organizadas nuestras fuerzas, con una correcta delegación de funciones e institucionalidad a nivel internacional; la guerra no es de un solo país, esto es global, cualquier población puede ser víctima en cualquier ocasión. Si estamos bien distribuidos en responsabilidades, estructuras y funciones, será difícil que el mundo pierda esta lucha.

Es también aplicable en esta guerra contra las armas de destrucción masiva la ya célebre dualidad que son la Estrategia y la Táctica, la parte estratégica corresponde a los grandes organismos que encabezan esta lucha como los son la Organización de las Naciones Unidas y la INTERPOL.

La parte táctica corresponde a las unidades NBQR, a los mandos operativos policiales, fuerzas armadas de respaldo, toda agencia o servicio de Inteligencia, personal civil especializado y mundo científico segmentado en el tema.

Cabe mencionar que, si señalo al Bioterrorismo como un enemigo silencioso, es porque su modus operandi y el consecuente daño que pueda causar es indetectable, lo que lo hace más amenazante y mortal.

El tiempo de respuesta para intervenir a personajes sospechosos en lanzar un ataque biológico es demasiado largo para la velocidad en que esparcirían algún agente biológico, sea este bacteria, virus o toxina. El tiempo de respuesta para frenar lo ya esparcido o diseminado también lamentablemente es demasiado, porque estos venenos avanzan a milésimas de segundos y pueden dañar a un ser o a multitudes en simultáneo.

Lanzada el arma, solo queda evitar su expansión, combatirla en los organismos y evitar en lo posible, la mortalidad o secuelas lamentables.

Con estas características y con el factor sorpresa a favor por parte del Bioterrorismo, es necesario estar preparados con excelencia, con cultura y avance progresista en el tema.

Es importante mencionar, que la proliferación de países en el desarrollo de armas químicas y biológicas ha crecido en una proporción de 4 a 20 aproximadamente en los últimos 20 años, mostrando así la tremenda irresponsabilidad de gobiernos que no tienen un interés global del bienestar de la humanidad y la creación en general.

Tema referencial actual es lo vivido por la humanidad con la última pandemia del coronavirus donde cada día sale a la luz mayor información que presumiblemente fue un arma biológica. Si es así finalmente, y fue usado por accidente, por un ataque terrorista, por motivos experimentales, para exterminio, por preservación del medioambiente o cualquiera sea la razón de sus autores, no cabe duda de la capacidad existente en generar mortandad por parte de individuos y organismos, y a la vez fortalece la teoría de lo grave que es el armamento biológico como arma de destrucción masiva. Toda la humanidad y la creación fue testigo de tal acto, incluyendo aquellos que se dedican al Bioterrorismo.

Como mencionamos, esto es un tema histórico que viene de décadas atrás, y que ha convivido con la vida en este mundo porque sectores de la humanidad lo permitieron. El dañar o asesinar a seres vivos biológicamente es cruel y degradante, amenazar y buscar causar miedo con armas de este tipo es cobarde e intolerable como también lo es cuando se aplica en la guerra misma. Si este enemigo es tan silencioso, las medidas para vencerlo dependen de un tema político gubernamental de las naciones, de que se dejen de lado ambiciones de dominio que ya no son para estos tiempos y que se aumenten los esfuerzos con más ciencia y tecnología preventiva para que en algún momento pueda erradicarse tal método terrorista.

El Bioterrorismo será silencioso, y esto será su ventaja, en la medida en que las autoridades y la humanidad lo permitan.

Capítulo 4

# ESTRATEGIAS DE CONFRONTACIÓN

Es importante dar a conocer primero, como podemos detectar si una sociedad está bajo amenaza o posible ataque bioterrorista:

1. Se manifiesta un rápido incremento de la incidencia de una enfermedad en una población normalmente saludable.

2. Una curva epidémica que se eleva y cae bruscamente en un corto período de tiempo.

3. Un extraño incremento en el número de personas que utilizan servicios de salud, particularmente con fiebre y malestares respiratorios o gastrointestinales.

4. Se manifiestan enfermedades más severas que la esperada para patógenos conocidos.

5. Una enfermedad endémica que rápidamente progresa, que es inusual para un área geográfica, fuera del proceso de transmisión normal o imposible de transmitirse naturalmente en ausencia de un vector de transmisión.

6. Múltiples epidemias simultáneas en diferentes enfermedades.

7. Cepas inusuales o variantes de organismos o patrones de resistencia antimicrobiana dispares.

8. Bajas tasas de ataque en personas que han estado en lugares cerrados en comparación con los que han estado expuestos al ambiente externo.

9. Se presentan grupos grandes de pacientes que acuden a servicios de salud de una sola localidad.

10. Aumenta el número de fallecidos de manera rápida en un sector.

11. Reportes de enfermedades o muerte en gran número de animales o plantas.

12. Información del acceso a agentes por parte de algún grupo terrorista.

13. Reivindicaciones de grupos terroristas que comunican la liberación de algún agente biológico.

14. La evidencia directa de la diseminación de algún agente biológico como consecuencia de un ataque bioterrorista.

Frente a esta situación, se sugiere articular la siguiente respuesta:

## ESTRATEGIA DE INTELIGENCIA

La mejor manera de luchar bien desde el inicio, es el manejar información veraz y anticipativa sobre posibles ataques y atentados por las cuales se puedan prevenir mejor a la humanidad; motivo por el cual debe estar desarrollado un servicio de inteligencia especializado en el tema con conexión mundial, el cual se dedique las 24 horas a identificar y analizar orígenes y fuentes de la adquisición de los elementos que conforman el desarrollo de un arma química y con el seguimiento respectivo de cada caso en sospecha.

## ESTRATEGIA TRIFÁSICA

**1. Preexposición:** En la preexposición, es preciso emprender una inmunización activa y una identificación de la contaminación y del posible uso de la fuente contaminante.

**2. Incubación:** Durante el período de incubación, es muy importante el diagnóstico, la inmunización activa y pasiva y una terapia antimicrobiana y de soporte en la población.

**3. Confirmación:** Una vez se ha declarado la enfermedad, es importante el correcto diagnóstico y su correspondiente tratamiento el cual en principio puede ser no accesible según los casos; también puede ser menos efectivo de lo esperado sobre todo en el caso de cepas manipuladas genéticamente, esta situación puede inclusive hacer colapsar al sistema. En cualquier situación que se presente, igual debe ser prioritario el cuidado directo de todo paciente.

## ESTRATEGIA DE CONTINGENCIA

En lo referente al sistema de salud pública, es preciso que se esté preparado para la emergencia y la respuesta rápida, optimizando el sistema de vigilancia epidemiológica, mejorar la capacidad de los laboratorios, incrementar la información tecnológica. Como componentes de una respuesta eficaz de salud pública al bioterrorismo están la detección, el diagnóstico rápido de laboratorio, la investigación epidemiológica y la implementación de medidas de control. Frente a las contingencias del bioterrorismo, es preciso, además de diseñar medidas preventivas de control, establecer respuestas de emergencia, tomar medidas generales para la protección de la salud y seguridad de los ciudadanos, disponer de un tratamiento adaptado a cada problema y, finalmente, procurar que las prácticas de todo tipo emprendidas en relación con el tema sean seguras.

## ESTRATEGIA DE CACERÍA

Aquí es trascendental tomar las acciones de búsqueda inmediata de los responsables del atentado, para evitar que realicen en simultáneo y en otro lugar, acciones terroristas similares. Aquí intervienen el Estado, los Servicios de Seguridad pública y particular, los medios de prensa, el personal médico, los familiares, amistades y la opinión pública.

Se busca detectar si fue un primer atentado y si vendrían más luego o en simultáneo, si fue una cortina de humo de un atentado mucho mayor a suceder y también, si existe el riesgo que el mismo se propagará a más lugares.

## ESTRATEGIA INDIVIDUAL

A todo ser humano, a manera de resistencia, queda que aprendan a defenderse frente a este enemigo silencioso en caso se dé un atentado o propagación Bioterrorista; siendo importante recalcar que, para toda arma de destrucción masiva esparcida, se requiere atención médica especializada y guardar la distancia prudente con los afectados, teniendo equipos de protección para no ser contagiados según el tipo de arma biológica lanzada.

A manera de primeros auxilios mientras se pueda ser atendido especializadamente, debemos conocer el siguiente tratamiento:

- **Contra las bacterias:** Deben suministrarse antibióticos.
- **Contra los virus:** Tienen que cumplir su ciclo de afección, en algunos casos se pueden tratar los síntomas.
- **Contra las toxinas:** Existen antitoxinas médicas.
- Se recomienda el uso de máscara antigás para protección y disminución del riesgo de contagio.

Ten presente que al ver un objeto extraño en tu camino o que alguien te quiera entregar: no lo toques, aléjate del mismo y comunica.

No debes permitir ser tocado por desconocidos en cualquier parte de tu cuerpo y principalmente en las extremidades.

Finalmente, no recibas consumo alguno de manos extrañas. Debes ajustar tus hábitos.

Capítulo 5

# CONCLUSIONES

LEAR,E

El bioterrorismo es una amenaza real. La información que se dispone actualmente revela que tanto las personas, organismos, terroristas y los delincuentes tienen la capacidad y el ánimo de usar agentes biológicos para provocar daño a la sociedad cuando les convenga.

Asimismo, cada vez hay más datos y conocimientos disponibles en Internet, y los delincuentes recurren a canales de comunicación ocultos y anónimos, como la web oscura, para comprar, vender e intercambiar información y para comunicarse entre ellos.

El daño causado por un suceso de este tipo puede alcanzar magnitudes insospechadas, al provocar un gran número de contagios y de muertes, y sembrar el miedo y el pánico a escala mundial.

Las armas de destrucción masiva impulsadas por el Bioterrorismo destruyen la naturaleza del planeta, se altera su evolución y todo acabará mal y aceleraremos la extinción del mundo.

Para proteger a tu familia, es necesario proteger las familias de todos los hombres.

Tengo esperanza que podamos enfrentar un futuro de una manera más preparada, que las instituciones a nivel mundial cada vez tomen más conciencia ante esta amenaza inminente que lamentablemente está bien financiada.

Tenemos que ser ofensivos con la aplicación de las estrategias recomendadas y así estaremos más seguros. No dejar de ser importante el comunicar, difundir acciones preventivas e impulsar la educación del tema. DIOS nos cuide de lo desconocido.

*Deyvis Aponte Bonifaz*

# BIOTERRORISMO

## Confrontando el futuro

Esta obra es un Manual que busca instruir de una manera clara, pedagógica y sencilla sobre la amenaza presente y futura que simboliza el Bioterrorismo.

Se busca salvar cada vida brindándole el conocimiento debido del tema, así también, la manera cómo defenderse ante situaciones de este nivel de riesgo.

Nos viene un futuro bastante agitado, ya está al alcance y es necesario saber como defender a los nuestros y que protocolos seguir para que tengamos más probabilidades de subsistir ante un ambiente de terror biológico urbano.

EDIQUID